GÉNÉALOGIE

DE LA MAISON

DE FROMONT DE BOUAILLE

DE 1050 A 1881

MAMERS

TYPOGRAPHIE DE G. FLEURY ET A. DANGIN

1881

3
m

GÉNÉALOGIE

DE LA MAISON

DE FROMONT DE BOUAILLE

DE 1050 A 1881

MAMERS

TYPOGRAPHIE DE G. FLEURY ET A. DANGIN

1881.

GÉNÉALOGIE

DE LA MAISON

DE FROMONT DE BOUAILLE

DE 1050 A 1881

HISTOIRE GÉNÉRALE

La famille DE FROMONT est originaire du Bessin (Bajocasse, petit pays situé entre Bayeux, Saint-Lô, Isigny et Ryes). Elle possédait dans le Cotentin, à la fin du XIIIᵉ siècle, la seigneurie de Saint-Frémont. On voit dans un extrait des chartes Anglo-Normandes (*Archives du Calvados*, tome II, page 431) que par une enquête faite sous Henri Iᵉʳ, en 1050, GUILLAUME DE FROMONT, les fils de RICHARD DE FROMONT et GEOFFROY DE FROMONT, tenaient en fief noble des terres relevant de l'évêché de Bayeux.

En 1276, SYBILLE, femme d'ADAM DE FROMONT, promit par serment devant l'Official de Bayeux de ne rien réclamer pour son douaire, sur les biens donnés par ledit Adam, son mari, à l'abbaye de Sainte-Trinité (*Chartes anglo-normandes*, tome II, page 22.)

On voit en 1421, sous Charles VI, JEAN DE FROMONT accepter de Henri V, roi d'Angleterre, les fonctions de vicomte d'Avranches (*même ouvrage*, tome I, page 373.)

En 1430, GUILLAUME DE FROMONT est retardé dans une expédition maritime entreprise avec des lettres de protection du roi Henri VI d'Angleterre, et s'arrête chez Thomas de Beaufort, comte du Perche. (*Catalogue des rôles gascons et normands conservés dans la Tour de Londres*, tome II, page 272.)

En 1453, JEAN est conseiller clerc de l'Echiquier de Rouen.

A partir de 1453 on remarque en lisant les papiers de la famille de Fromont, qu'elle est restée depuis, constamment attachée à ses rois et à son pays; qu'elle les a servis avec dévouement surtout contre les Anglais, et qu'elle a payé fidèlement toutes les taxes nobles, même dans le moment de sa dérogeance : car Georges, Gilles et Charles de Fromont ayant fait le commerce des hautes-forges, ignorant que ce commerce entraînait la dérogeance, ce dernier fut obligé d'avoir recours au roi, qui lui octroya des lettres (1648) de relèvement à dérogeance. Cependant ils furent tourmentés à ce sujet pendant près de soixante ans et souvent obligés de prouver leurs titres nobles pour éviter de payer les taxes dont les nobles étaient exempts. M. de Marle ayant demandé à Charles de Fromont d'exhiber ses titres, celui-ci étant malade au lit, et ses enfants étant absents et au service du roi, ne le put faire, et comme on ne lui avait accordé que quinze jours pour fournir ses preuves, M. de Marle, dans son hostilité habituelle contre les anciens nobles, s'empressa de prononcer contre lui un jugement où il le condamna comme usurpateur de noblesse le 17 septembre 1667. Mais le 30 octobre 1717, sur les pièces qu'on lui présenta, M. de Barberie blâma, cassa et annula le jugement de M. de Marle, vu surtout qu'ils avaient vécu toujours noblement, acquitté les taxes nobles et aussi prêté foi et hommage au roi.

Les descendants de Charles de Fromont continuèrent tous à servir leur roi dans les Mousquetaires gris, les Mousquetaires noirs et les chevau-légers, tous corps où l'on n'admettait que les nobles et sur les preuves qu'ils pouvaient fournir pour appuyer leurs droits à y entrer. Au commencement du XIXᵉ siècle (1810), trois de Fromont de Bouaille (trois frères) servirent sous le Iᵉʳ Empire, pensant ainsi être utiles à leur pays que Napoléon Iᵉʳ venait de retirer du gouffre révolutionnaire; mais dès que l'Empereur les eût déliés (1814) du serment qu'ils lui avaient prêté, ils reprirent du service sous leur prince légitime et même le suivirent à Gand dans son exil. Revenus avec lui, ils restèrent encore longtemps sous ses drapeaux.

On lit dans l'*Armorial de Normandie*, de d'Hozier, article 279, Généralité d'Alençon, page 351 : « PIERRE DE FROMONT, escuyer, sieur de Mieuxcé, porte : *d'or, à huit molettes d'éperon de sable mises en orle et une merlette de même posée en abyme.* »

La branche cadette a adopté les émaux suivants : *d'argent à huit molettes de gueules et une merlette de sable en abyme.*

GÉNÉALOGIE.

Noble homme THOMAS FROMONT, escuyer, sieur de Saint-Frémont, en Cotentin, père de noble homme GUILLAUME DE SAINT-FROMONT, écuyer, sieur de Saint-Frémont, *(Ces différentes manières d'écrire les noms propres et de les prononcer, se trouvent contenues dans les anciens titres de propriété et de filiation)* qui fut père de :

Noble homme JEAN FROMONT, écuyer, seigneur de Saint-Frémont et de la Humière. Il vendit Saint-Frémont et passa en Normandie en 1379, père de :

GERVAIS DE SAINT-FROMONT, écuyer, marié à noble demoiselle MARIE DE LA LANDE, 1383, père de :

LOUIS DE SAINT-FROMONT, noble homme, écuyer, marié à noble demoiselle DE SARCEAUX. On trouve aux archives de la famille un contrat de cession par dame Marie de La Lande à son fils, daté du 8 décembre 1417 et passé à Falaise. Louis fut père de Nicolas et de Richard qui fut prêtre.

Noble homme NICOLAS DE SAINT-FROMONT, écuyer, sieur de Fon-

2

tenay et d'Aunou, marié à noble demoiselle FRANÇOISE SALLET, à la vicomté de La Carneille, vers 1468. De ce mariage quatre enfants : Robert; Colin; Guillaume et Thomas. — (Guillaume combattit les Anglais en 1512 et vint au secours du duc d'Alençon).

Noble homme ROBERT DE SAINT-FROMONT, écuyer, sieur de la Drustière, marié à la vicomté de Carneille, le 31 mars 1502, à noble demoiselle MADELEINE DE CHENNEVIÈRE, fille de Jean de Chennevière, écuyer, et de noble dame Madeleine de Brossard. De ce mariage quatre enfants : Jean, Georges, Léonard, Jacques qui fut prêtre et curé de Ménil-Scelleur (Orne).

Jean, l'aîné, passa en Guienne où il se maria et, par lui, la branche aînée s'établit dans ce pays d'où postérité.

I.

Branche aînée de la famille de Fromont passée en Guienne vers 1500.

JEAN DE FROMONT, écuyer, seigneur de Fontenay et de la Drustière, fils aîné de Robert de Fromont, écuyer, seigneur de la Drustière et de demoiselle Madeleine de Chennevière, fille de M. de Chennevière et de Demoiselle Madeleine de Brossard; (mariage contracté à la vicomté de Carneille, le 31 mars 1502) épousa en 1556 noble demoiselle JACQUELINE DE CROISSELLE. De ce mariage :

ALEXANDRE DE FROMONT, écuyer, seigneur de Talmont, épousa noble demoiselle LOUISE DE SAUVIAC (en premières noces) et en secondes noces noble demoiselle JACQUELINE LE BOULÉ, le 16 juillet 1589. De ce dernier mariage :

RAOUL DE FROMONT, écuyer, seigneur de Sauviac, épousa à Tolose le 24 janvier 1629, noble demoiselle MARIE DE MAILLÉBEAU. — Il habitait en Guienne lorsqu'il prêta ses papiers de famille à Charles et à Pierre de Fromont (1640) pour qu'ils fournissent leurs preuves de noblesse.

En 1860 il a été trouvé trace d'un Louis de Fromont, existant et marié en Guienne.

II.

Branche cadette de Normandie.

Noble homme GEORGES DE FROMONT, écuyer, sieur de la Drustière fit souche pour la seconde branche qui resta en Normandie et dont suit la filiation :

GEORGES DE FROMONT, écuyer, sieur de la Drustière épousa, au Mans, le 28 avril 1554, noble demoiselle MARIE GIRARD, fille de François Girard, écuyer, sieur de Forbonnaist et de noble demoiselle Marie d'Aviet ou d'Avelle. — Il épousa en secondes noces, demoiselle CATHERINE RABINEAU, le 26 juin 1559. De son deuxième mariage naquit :

Noble homme GILLES DE FROMONT, écuyer, sieur de la Drustière, qui épousa à Falaise, le 28 septembre 1586, demoiselle LOUISE PINÇON, d'où trois fils : Charles, Tanneguy et Gaspard qui fut prêtre et curé de Rasnes. Gilles de Fromont eut un duel avec M. Chausson et se battit devant l'église Notre-Dame d'Alençon, pendant l'office. Il dut s'exiler de suite pour éviter les poursuites ordonnées contre la personne des duellistes, mais ses biens furent confisqués, en sorte que pour rétablir sa fortune il fit le commerce des hautes-forges, ignorant que ce commerce entraînait la dérogeance ; toutefois, il continua à vivre noblement, rendant le service au roi et payant les taxes nobles.

Noble homme CHARLES, écuyer, sieur de la Drustière, fils aîné du précédent fut baptisé en la paroisse du Ménil-Scelleur (Orne), le   mai 1593. Il épousa noble demoiselle MARGUERITE DU HAMEAU, le 5 mars 1627, ou plutôt 1637. Le mariage fut célébré dans la chapelle du Gué-de-Maulny. Cette chapelle dédiée à Saint-Denis et desservie par un chapitre

de six chanoines, avait été érigée ainsi par le roi Philippe de Valois pour le château du Gué-de-Maulny, situé dans une délicieuse position sur la rive droite de l'Huisne, près de son confluent avec la Sarthe.

Elle fut une première fois détruite avec le château, par les Anglais, et reconstruite alors par son chapitre dans la ville du Mans, au lieu dit aujourd'hui Place du Gué-de-Maulny, en souvenir de cette seconde chapelle détruite elle-même en 1743, époque où son chapitre fut réuni à celui de Saint-Pierre-de-la-Cour, devenu chapitre royal en 1771, ayant à ce moment pour doyen M. Ch.-J. Chesneau de la Drourie, oncle de Marie-Louise-Charlotte Chesneau de la Drourie, épouse, en 1781, de M. de Fromont de Bouaille. Les armes des du Hameau sont : *de sable à trois tours d'argent, 2 et 1.*

Charles fit l'acquisition de la seigneurie de Mieuxcé, qu'il échangea contre la sergenterie noble de Carrouges, possédant déjà la seigneurie de Bouaille.

Il obtint du roi Louis XIV sa réhabilitation dans sa noblesse, par un titre de relèvement à dérogeance très honorable, en date du 20 novembre 1648, enregistré à la Cour des Aides de Normandie, le 12 décembre 1650, dans les termes ci-dessous rapportés :

Louis, par la grâce de Dieu, roi de France et de Navarre, à nos amis et féaux conseillers, les gens tenant notre cour des aides à Rouen, salut ; notre cher et bien aimé Charles de Fromont, écuyer, sieur de la Besnardière, Forbonnais et Baigneux, receveur de nos tailles en l'élection d'Alençon, Nous a très humblement fait remontrer, qu'encore qu'il soit d'extraction noble et ancienne de plus de trois cents ans, de laquelle il justifie être descendu en ligne directe et masculine par titres authentiques et irréprochables, même qu'en l'an mil cinq cent douze, Guillaume de Fromont, écuyer, frère du trisaïeul de l'exposant, en cette qualité secourut, sous le roi Louis douzième, le duc d'Alençon en l'arrière ban de Normandie, levé pour la guerre qui était lors contre les Anglais, sous la charge du sieur de Fonteville, capitaine général des nobles de la dite province ; néanmoins, à cause que l'on pourrait objecter à l'exposant que Gilles Fromont, écuyer, seigneur de la Drustière, son père et lui, pour entretenir le commerce de maître de grosses forges, ci-devant permis aux nobles de ce royaume, à quoi ils se seraient appliqués pendant quelques années, et Georges Fromont de la Drustière, aussi écuyer, son aïeul par quelqu'autre négoce, auraient dérogés de la dite qualité de noblesse, quoique le dit exposant n'ait aucune connaissance de la dérogeance de son dit aïeul, ni même que les dits Georges et Gilles Fromont aient été imposés aux tailles, ayant l'un et l'autre, pendant leur vie, rendu plusieurs bons et agréables services aux rois, nos prédécesseurs, et spécialement le dit Gilles Fromont, signalé son courage en diverses occasions dans les armées du roi Henry-le-Grand, notre très honoré aïeul de glorieuse mémoire, pendant le siège des villes de Laon, La Ferre, Alençon et Falaise ; comme aussi l'exposant nous ayant de sa part, depuis l'année mil six cent vingt-cinq, qu'il a été pourvu de la charge de receveur de nos tailles à l'élection d'Alençon, rendu des preuves de sa fidélité et de son courage, tant dans les fonctions de sa charge, que plusieurs autres occasions importantes au bien de notre service, il a été obligé d'avoir recours à Nous pour être relevé de sa dite dérogeance, Nous suppliant lui vouloir octroyer nos lettres sur ce nécessaires ; A ces causes, désirant subvenir à l'exposant et le favora blement traiter en cet endroit, en conséquence des bons et signalés services rendus à cet Etat par ses prédécesseurs et par lui. Nous vous mandons et très expressément, enjoignons, par ces présentes, s'il vous appert de ce que dessus, que le dit exposant soit noble et issu en ligne directe et masculine, par titres authentiques de père, aïeul, trisaïeul et autres, leurs prédécesseurs nobles, ayant vécu noblement sans avoir fait aucun acte de dérogeance à noblesse, fors et exceptés les dits Georges, Gilles Fromont et l'exposant, vous, en ce cas, ayez à faire jouir le dit exposant, de la qualité de noble et de tous les privilèges, exemptions, franchises et immunités, dont jouissent les autres nobles de notre royaume, sans vous arrêter ni avoir égard aux dites dérogeances, dont avec notre grâce spéciale, pleine puissance et autorité royale, et de l'avis de la reine régente, notre très honorée dame et mère, Nous l'avons relevé et relevons par ces présentes signées de notre main, à la charge par lui de vivre à l'avenir noblement, car tel est notre plaisir. Donné à Paris, le vingt du mois de novembre mil six cent quarante-huit et de notre règne, le sixième

LOUIS

Signé par le roi et la reine régente, sa mère présente.

Ici est écrit :

Registré au registre de copies des Aides en Normandie, suivant l'arrêt délivré de ce jourd'hui douzième jour de décembre mil six cent cinquante.

(Suivent les signatures).

En marge est écrit en travers :

Enregistré au registre du bureau des finances chambre des domaines et voyeries de la généralité d'Alençon, le sixième jour de juillet mil sept cent cinquante-sept, ce consentant le Procureur du roi par l'avocat de sa majesté, pour être à exécuter selon leur forme et teneur et y avoir recours en cas de besoin ; et en conséquence que Henri-François Fromont, écuyer, seigneur de Mieuxcé et de Bouailles, petit-fils du dit Charles Fromont, écuyer, sieur de la Besnardière, Forbonnais et de Baigneux, jouira de leur effet à la charge de vivre noblement et sans commettre aucun acte de dérogeance suivant l'ordonnance de la chambre du dit jour et an que dessus.

(Suivent les signatures).

Charles mourut le 29 mars 1668 et fut inhumé dans l'église des Capucins à Alençon. Il laissa deux fils : Gaspard et Pierre.

Gaspard, l'aîné, fut exhérédé par ses parents, lui et ses descendants, pour cause de désobéissance, ingratitude, mépris, et du mariage clandestin qu'il contracta avec Mademoiselle de Brunet, fille de M. Jean de Brunet, seigneur des Rigoux ; et son frère cadet, Pierre, fit souche pour la lignée de cette branche.

PIERRE DE FROMONT, écuyer, sieur de la Besnardière, seigneur de Mieuxcé et de Bouaille, né le 31 mars 1639, à Alençon, épousa, à Madré, vers septembre 1682, noble demoiselle MARIE-MARGUERITE DE CATHAY, fille de François de Cathay, écuyer, seigneur de Saint-Houën et de noble dame Catherine de Pierrefitte.

Pierre vendit l'hôtel de l'Intendance (aujourd'hui, 1881, hôtel de la Préfecture), avec les dépendances, aux dames de la Visitation. (La supérieure de cet ordre était alors, à Alençon, dame Gabrielle Doreau.) La vente fut effectuée pour la somme de 40,000 livres et 20,000 livres de pot-de-vin. L'acte fut passé à Paris devant maître Gallois, le 20 mai 1673. Par un autre acte en date du 30 mars 1695, cession à l'Hôtel-Dieu d'Alençon, d'un emplacement pour construire une chapelle. (A cette époque l'Hôtel-Dieu était situé sur l'emplacement aujourd'hui appelé Champ-du-Roi.)

Pierre servit, comme capitaine, dans le régiment des chevau-légers, fut aide de camp de 1674 à 1676, puis fut nommé capitaine du haut-vol-pour-pie de la grande fauconnerie du roi.

En 1672, Pierre rendit foi et hommage au roi pour sa seigneurie du But ou Mieuxcé. De son mariage naquirent trois fils et une fille : Henri-

François; Pierre-Nicolas-Joseph qui a épousé demoiselle Marthe Martel (27 août 1714) en premières noces, et en secondes noces, demoiselle Isabelle de Coeffrel, veuve de M. de Regnier; Pierre-Gaspard qui épousa demoiselle Angélique du Breuil, d'où un fils Pierre-Gaspard-Augustin, mort le 2 septembre 1792 et demoiselle Léonord qui épousa M. de Bernières, écuyer, comte de Louvigny (de Caen), le 4 mai 1759. Pierre mourut à Mieuxcé le 14 février 1707.

Noble homme HENRI-FRANÇOIS DE FROMONT, écuyer, seigneur de Mieuxcé et de Bouaille, né le 7 février 1690, baptisé à Mieuxcé, le 10 du même mois, épousa à Alençon le 24 février 1724, noble demoiselle MARIE-MARTHE HÉBERT DE LA CHEVALERIE, fille de Mathurin Hébert, écuyer, seigneur de la Chevalerie, et de dame Marie Fouquelin et sœur de Marie-Madeleine Hébert de la Chevalerie qui épousa en 1715 Pierre Chausson de Courtilloles, écuyer, seigneur des Orgeries et de Courtilloles. Il mourut à Alençon, le 30 décembre 1763. D'où un fils :

Noble homme PIERRE-HENRI DE FROMONT, seigneur de Mieuxcé et de Bouaille, né à Alençon, le 14 août 1727, épousa le 27 février 1756, noble demoiselle ANNE-RENÉE MACÉ D'HERSE DE GASTINE. Il servit dans les mousquetaires gris, et mourut à Mieuxcé en 1789. De ce mariage un seul fils.

Noble homme HENRI-PIERRE DE FROMONT, escuyer, seigneur de Bouaille, de Mieuxcé, de Pacé, d'Herse et autres lieux, naquit à Alençon le 1er juin 1757. Il épousa à Alençon,   1781,

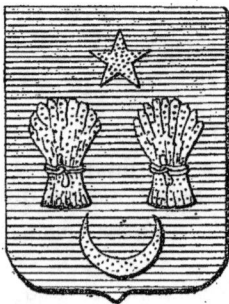

noble demoiselle MARIE-LOUISE-CHARLOTTE CHESNEAU DE LA DROURIE, fille de M. Chesneau de la Drourie, receveur des tailles à Alençon et de noble demoiselle Le Coustellier. Les armes des Chesneau de la

Drourie. sont : *D'azur à 2 gerbes d'or accompagnées en chef d'une étoile et en pointe d'un croissant de même.*

Henri-Pierre de Fromont servit dans les mousquetaires noirs, 2ᵐᵉ compagnie de la garde du roi. Il émigra avec toute la noblesse à la fin de 1791 et rentra en France au commencement de 1802. Il mourut à Alençon, le 13 février 1804. De son mariage avec demoiselle Chesneau de la Drourie, il eut sept enfants : 1° Marie-Henriette, née à Alençon, le 10 janvier 1784 ; 2° Pierre-Marin-René, né à Alençon, le 30 mars 1785 ; 3° Renée-Joséphine, née à Alençon, le 11 août 1786 ; 4° Eugénie née, morte à l'âge de sept ans ; 5° Charles-Henri, né à Alençon, le 14 décembre 1789 ; 6° Jean-Baptiste Isidore, né à Alençon, le 30 septembre 1790 ; 7° Théodore, né à Alençon, le 24 février 1792.

Marie-Louise-Charlotte Chesneau de la Drourie, veuve de Henri-Pierre de Fromont de Bouaille, mourut à Alençon, le 25 novembre 1834.

§ I.

PIERRE-MARIN-RENÉ, fils aîné, deuxième enfant, mourut sans postérité à Saint-Gervais, près Blois (Loir-et-Cher), le 8 janvier 1856.

§ II.

Branche aînée de Normandie depuis 1856.

Noble homme CHARLES-HENRI DE FROMONT DE BOUAILLE, écuyer, cinquième enfant, deuxième garçon, fit souche, par sa postérité, de la branche aînée (son frère aîné n'ayant pas eu d'enfants) ; né le 14 décembre 1789, à Alençon, il épousa dans la même ville, le 10 janvier 1817, demoiselle THÉRÈSE-CLAUDINE BARALY. De ce mariage, six enfants, tous nés à Alençon : Louis-Henry, né le 23 décembre 1819 ; Charles-Pierre, né le 2 décembre 1820 ; Marie-Anatolie, née le 31 octobre 1821 ; Zénobie, née en 1827, morte enfant ; Louise-Joséphine, née le 13 décembre 1829 ; Eugène-Claude, né le 17 septembre 1831.

Charles-Henri partit en 1810, comme simple soldat, dans les armées de Napoléon Iᵉʳ, qui firent la guerre d'Espagne. Il fut mis plusieurs fois à l'ordre du jour de l'armée pour sa valeur militaire et fut nommé capitaine sur le champ de bataille, après dix-huit mois de service. Lorsque Napoléon se retira à l'île d'Elbe et délia ses armées du serment de fidélité, Charles-Henri courut se ranger sous les drapeaux de Louis XVIII, le roi légitime. Il le suivit à Gand dans son nouvel exil et ne rentra en France qu'avec lui et continua le service militaire jusqu'à la fin de 1816. Il mourut à Alençon, le   mai 1836.

— 1°. —

Louis-Henry de Fromont de Bouaille, fils de Charles-Henry et de demoiselle Thérèse-Claudine Baraly, né à Alençon, le 23 décembre 1819, marié (devant l'Eglise Catholique à Thoré, près Vendôme (Loir-et-Cher), le 8 décembre 1847,) et devant l'officier d'état civil, au Ronceray, près Lisieux (Calvados), le 10 du même mois 1847, à noble demoiselle Marie Le Myre de Vilers, fille de Cyprien Le Myre de Vilers et de dame Claire Hême. Les armes des Le Myre de Vilers

sont : *De gueules au chevron d'or accompagné en chef de deux étoiles d'argent et en pointe d'un croissant et d'une marguerite feuillée et tigée de même.*

De ce mariage trois enfants, tous nés à Alençon (Orne) : René de Fromont de Bouailles, né le 7 décembre 1849 ; Thérèse, née le 16 janvier 1851 ; Geneviève, née le 18 juin 1854.

Louis-Henry de Fromont de Bouaille, mourut en son château de Mieuxcé, commune de Mieuxcé (Orne), le 24 septembre 1863.

1. René de Fromont de Bouaille, son fils unique, fut élève de Saint-Cyr, et au sortir de l'école fit la guerre de 1870-1871 contre les Prussiens, en qualité de sous-lieutenant au 121e régiment de ligne et

fut tué sur le champ de bataille, à la tête de sa compagnie, au combat de Villiers sous Paris, le 2 décembre 1870. Son corps ne put être rapporté à Alençon, pour y être inhumé, que le 13 juin 1871. (Ligne directe éteinte en sa personne.)

Branche des de Liénard, alliée aux de Fromont, 1870.

2. THÉRÈSE DE FROMONT DE BOUAILLE, épousa, à Mieuxcé (Orne), le 21 juin 1870, M. LOUIS DE LIÉNARD, fils de Charles de Liénard et de

Henriette Bricoux. De ce mariage un enfant : Jean de Liénard, né à Mieuxcé (Orne), le 18 juin 1871.

Les armes des de Liénard sont : *D'azur au lion rampant d'argent.* Ces armes sont surmontées d'une couronne de marquis.

Branche des barons de Sainte-Preuve, alliée aux de Fromont, 1873.

3. GENEVIÈVE DE FROMONT DE BOUAILLE, fille de Louis-Henri de Fromont et de demoiselle Marie Le Myre de Vilers, née à Alençon (Orne), le 18 juin 1854, épousa à Alençon, le 5 février 1873, M. HENRI BINET DE BOISGIROUX, baron de SAINTE-PREUVE, fils de Frédéric Binet de Boisgiroux, baron de Sainte-Preuve, et de demoiselle Maria

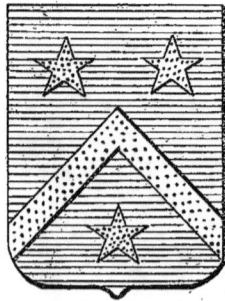

de Montlouis. Les armes des de Sainte-Preuve sont : *D'azur au chevron d'or accompagné de 3 étoiles de même, 2 en chef, une en pointe.*

De ce mariage deux enfants : Renée de Sainte-Preuve, née à Alençon, le 5 janvier 1874 ; et Frédéric de Sainte-Preuve, né à Alençon, le 1er juin 1875.

Geneviève de Fromont de Bouaille, baronne de Sainte-Preuve, mourut à Lourdes (Hautes-Pyrénées), le 23 mai 1876.

— 2º. —

Branche cadette de Normandie devenue branche aînée en 1870.

CHARLES-PIERRE DE FROMONT DE BOUAILLE, fils de Charles-Henri et de demoiselle Thérèse Baraly, né à Alençon, le 2 décembre 1820, marié à Alençon, le 16 juillet 1849, à demoiselle LOUISE-MARIE-FLAVIE CHESNEAU DE LA DROURIE (sa cousine issue de germain), fille de Achille et de dame Flavie de Mahot de Gémasse. De ce mariage trois enfants.

Henri, né à Semallé (Orne), le 27 juillet 1850 ; Fernand, né le 9 octobre 1851 à Semallé ; et Maurice, né à Semallé, le 25 septembre 1852, mort sans postérité à Alençon, le 22 octobre 1880.

1. HENRI DE FROMONT DE BOUAILLE, fils aîné, épouse le 27 avril 1881, au château de Curcy, paroisse de Curcy, canton d'Evrecy (Calvados), noble demoiselle MARIE-ANDRÉE-ELISABETH-THÉRÈSE DE

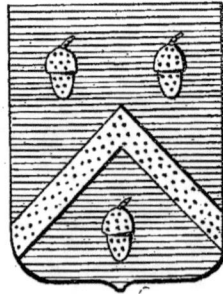

GILLÈS, fille de noble homme Philippe de Gillès et de dame Elisabeth Signard d'Ouffières.

Les armes des de Gillès sont : *D'azur au chevron d'or accompagné de 3 glands de même, 2 en chef un en pointe.*

2. FERNAND DE FROMONT DE BOUAILLE, second fils, marié à Paris, 2e arrondissement, le 8 mars 1881, à noble demoiselle ANNE-ELISABETH-FRANÇOISE-GABRIELLE GOBINET DE VILLECHOLLE, fille de noble homme Alexandre Gobinet de Villecholle et de dame Elisabeth Dolley.

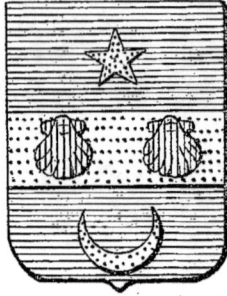

Les armes des de Villecholle sont : *D'azur à la fasce d'or chargée de 2 coquilles de gueules, accompagnée en chef d'une étoile d'or et en pointe d'un croissant de même.*

3. MAURICE DE FROMONT DE BOUAILLE, troisième fils, mort sans postérité à Alençon, le 22 octobre 1880.

— 3°. —

EUGÈNE-CLAUDE DE FROMONT DE BOUAILLE, sixième enfant, troisième fils de Charles-Henri et de demoiselle Thérèse-Claudine Baraly, né le 17 septembre 1831, épousa à Amiens (Somme), le 16 juillet

1864, noble demoiselle MARY-ADÉLAÏDE WARBURTON, fille de Josias Warburton et de demoiselle Adélaïde de Sachy. Les armes de

Warburton, noble famille d'origine anglaise, sont : *D'argent à 2 che-vrons de gueules et une étoile de sable en chef*. Les armes sont surmon-tées d'une couronne de baronnet et de 3 flèches en cimier.

De ce mariage trois enfants : Guy-Marie-Joseph, né à Alençon (Orne), le 13 mai 1865 ; Marie-Eugénie-Marguerite, née à Poix (Somme), le 27 novembre 1871 ; Joseph-Marie-René, né à Alençon, le 20 mai 1881.

— 4º. —

MARIE-ANATOLIE DE FROMONT DE BOUAILLE, troisième enfant, première fille, née le 31 octobre 1821.

— 5º. —

ZÉNOBIE DE FROMONT DE BOUAILLE, quatrième enfant, deuxième fille, née en 1827, morte enfant.

— 6º. —

LOUISE-JOSÉPHINE DE FROMONT DE BOUAILLE, cinquième enfant, troisième fille, née le 13 décembre 1829.

§ III.

Troisième fils d'Henri - Pierre de Fromont de Bouaille et de demoiselle Marie-Louise-Charlotte Chesneau de la Drourie, devenu 2e branche en 1856.

Noble homme JEAN-BAPTISTE-ISIDORE DE FROMONT DE BOUAILLE, fils de Henri-Pierre de Fromont de Bouaille, de Mieuxcé et autres lieux et de noble dame Marie-Louise-Charlotte Chesneau de la Drourie, né à Alençon, le 30 septembre 1790, épousa à Alençon, le 12 février 1827, noble demoiselle ANTOINETTE - EMÉRANTIANNE LE BOUYER DE MONHOUDOU, fille de Charles-Antoine et de noble dame Marie-Aimée

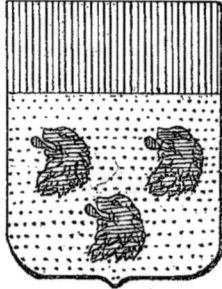

de Bernetz. Les armes des Le Bouyer de Monhoudou sont : *D'or à 3 têtes de lion d'azur lampassées de gueules, au chef de gueules.*

De ce mariage six enfants, tous nés à Alençon (Orne): Pierre-Léopold, né le 13 septembre 1828 ; Antoinette-Marie, née le 31 octobre 1829 ; Henriette-Emma, née le 29 novembre 1830 (morte fille à Alençon, le 9 décembre 1845) ; Henriette-Clotilde, née le 14 février 1832 ; Georges-Xavier, né le 6 juin 1833 ; Marthe-Marie-Emérance, née le 30 décembre 1840.

Jean-Baptiste-Isidore entra à l'école militaire de Saint-Cyr le 30 août 1808 et en sortit sous-lieutenant au 13e régiment d'infanterie-légère, le 3 mai 1810 ; nommé lieutenant au même corps, le 3 août 1812, il fit la campagne de Russie, fut fait prisonnier le 1er novembre 1812, rentra en France, le 11 novembre 1814, après deux ans de captivité à Cambow. Peu de temps après sa rentrée en France il rejoignit à Gand, le roi Louis XVIII, ne revint qu'avec les princes pour reprendre du service comme lieutenant dans la légion du Puy-de-Dôme (colonel de Pracontal), le 9 mai 1816. Il fut nommé capitaine le 10 mars 1819, et envoyé à la guerre d'Espagne où il prit part au siège de Pampelune en 1823. Il s'y distingua par sa bravoure et fut décoré de l'ordre de Saint-Ferdinand. Le 23 mai 1830, étant capitaine au 33e régiment d'infanterie légère, il fut décoré chevalier de l'ordre royal et militaire de Saint-Louis. Il se retira du service le 1er juin 1830 et mourut à Alençon, le 15 janvier 1852.

— 1°. —

Noble homme PIERRE-LÉOPOLD DE FROMONT DE BOUAILLE, fils du précédent, épousa à Asa-le-Riz (Haute-Vienne), le 5 février 1861, noble dame CAROLINE KERVENO DU GAREAU (veuve en premières noces de M. de Vergès), fille de M. Kerveno du Gareau, comte de Grésignac, et de noble demoiselle Aglantine des Houlières.

Les armes des du Gareau sont : *D'azur au chevron d'or, accompagné en pointe d'un cœur d'argent surmonté d'une croix de même.*

De ce mariage six enfants. Louise-Marie-Valentine, née à Moulins-la-Marche (Orne), le 24 novembre 1861 ; Bernard, né à Moulins-la-Marche, le 5 novembre 1863 ; Joseph, né à Mortagne (Orne), le 25 décembre 1866 ; Conrad, né à Nouvion-en-Ponthieu (Somme), le 4 mai 1868 ; Gabriel, né à Nouvion-en-Ponthieu, le 30 décembre 1870 ; Marcel, né à Abbeville (Somme), le 1er juin 1873.

— 2°. —

Noble homme GEORGES-XAVIER DE FROMONT DE BOUAILLE, fils de
Jean-Baptiste-Isidore sixième enfant de Henri-Pierre, (voir page 12)

et de demoiselle Emérantianne Le Bouyer de Monhoudou, né le 6 juin 1833, épousa à Romorantin (Loir-et-Cher), le 6 février 1869, demoiselle JEANNE BOURDIN, fille de M. Bourdin et de Melle Huau.

De ce mariage cinq enfants, tous nés à Alençon (Orne) : Georges, né le 16 janvier 1870 ; Cécile, née le 21 juillet 1871, morte le 1er février 1873 ; André né le 1er juin 1873 ; Robert, né le 28 octobre 1875 ; Annette, née le 13 novembre 1877.

Jeanne Bourdin, épouse de Xavier de Fromont de Bouaille, est morte à Alençon, le 16 décembre 1877.

— 3°. —

Branche des Des Champs de Boishébert, alliée à la famille de Fromont par le mariage d'une fille d'Isidore de Fromont, sixième enfant de Henri-Pierre.

ANTOINETTE - MARIE DE FROMONT DE BOUAILLE, fille de Jean-Baptiste - Isidore de Fromont de Bouaille et de dame Antoinette-Emérantiane Le Bouyer de Monhoudou, née à Alençon, le 31 octobre 1829, épousa à Alençon, le 17 novembre 1851, M. CHARLES-MARIE-FRANÇOIS DES CHAMPS DE BOISHÉBERT, fils de M. Des Champs de Boishébert et de demoiselle Adèle de Pipray.

Les armes des Des Champs de Boishébert sont : *D'argent à 3 perroquets de sinople, 2 et 1, passants, contournés, onglés et becqués de gueules.*

De ce mariage onze enfants : Emérance-Marie-Alix, née à Alençon, le 7 janvier 1853 ; Ignace-Marie-Charles-Antoine, né à Enrouville (Seine-Inférieure), le 23 octobre 1854 ; Berthe-Pauline-Marie-Germaine, née, même endroit, le 29 mars 1856; Pauline-Adèle-Antoinette-Marie, née de même, le 11 décembre 1857, morte le 28 mars 1869; Marie-Alexandre-Georges-Aimeric, né de même, le 25 septembre 1859; Marie-Joseph-Charles-Frédéric-Georges, né de même, le 19 mars 1861; Marie-Frédéric-Eugène-Louis, né de même, le 21 juin 1864; Marie-Eugénie-Cécile-Adèle, née de même, le 22 septembre 1866; Marie-Louise-Léonie-Gabrielle, née de même, le 27 juin 1868; Marie-Charles-Radulphe, né de même, le 3 octobre 1870; Marie-Maurice-Raymond, né de même, le 19 avril 1872.

Alliance d'un membre de la famille de Gravron avec celle des de Fromont, par son mariage avec Mademoiselle de Boishébert, fille d'une demoiselle de Fromont.

BERTHE-PAULINE-MARIE-GERMAINE DES CHAMPS DE BOISHÉBERT, née le 29 mars 1856, épousa à Auxais (Manche), le 24 avril 1878, M. MAURICE DE GRAVRON, fils de M. de Gravron et de demoiselle de Mobeck.

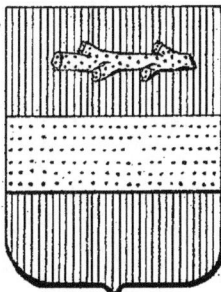

Les armes des de Gravron sont: *De gueules à la fasce d'or accompagnée en chef d'une branche à 4 écots de même posée en fasce.*

De ce mariage Gabrielle, née à Auxais (Manche), le 19 mai 1879.

— 4°. —

HENRIETTE-EMMA DE FROMONT DE BOUAILLE, née à Alençon, le 29 novembre 1830, morte le 9 décembre 1845.

— 5°. —

HENRIETTE-CLOTILDE DE FROMONT DE BOUAILLE, née à Alençon, le 14 février 1832.

— 6°. —

MARTHE - MARIE - EMÉRANCE DE FROMONT DE BOUAILLE, née à Alençon, le 30 décembre 1840.

§ IV.

Septième enfant, quatrième fils de noble homme Henry-Pierre de Fromont de Bouaille, de Mieuxcé et de noble dame Marie-Louise-Charlotte Chesneau de la Drourie.

THÉODORE DE FROMONT DE BOUAILLE, né à Alençon, le 24 janvier 1792, épousa le 8 mai 1821, au château de Frébourg, commune de Contilly (Sarthe), noble demoiselle HYACINTHE-ISEULLE-HENRIETTE DE FRÉBOURG, fille de noble homme Joseph-Louis-Vincent de Frébourg, chevalier, et de noble demoiselle Marie-Jeanne-Henriette de Semallé.

Les armes des de Frébourg sont : *D'argent à 3 aigles éployées de sable, 2 et 1, becquées et onglées de gueules.*

De ce mariage cinq enfants, tous nés à Alençon : Louise-Iseulle, née le 22 octobre 1821 ; Marie-Virginie, née le 15 avril 1824 ; Paul-Henri, né le 13 février 1828 ; Bonne-Henriette, née le 13 juin 1829, morte célibataire, à Alençon, le 30 mai 1849 ; Eugénie, née le 1er octobre 1831.

Théodore de Fromont entra à l'école militaire de Saint-Cyr, le 11 août 1809 et en sortit sous-lieutenant, le 6 novembre 1812 ; fut envoyé rejoindre le corps d'armée de campagne, en Allemagne, le 21 novembre 1812, quinze jours après sa sortie de Saint-Cyr et incorporé avec son grade dans le 13e régiment d'infanterie légère auquel il fut définitivement attaché le 8 février 1813. Il fut nommé lieutenant, au même régiment, le 15 mai, même année 1813 et fit campagne dans la Grande-Armée, sous le général Vandamme. A la défaite de ce général il fut fait prisonnier à Culm, bourg de Bohême, près Leitmeritz, le 30 août 1813. Il resta en captivité jusqu'au 17 juillet 1814, rentra en France le 1er août. Lors de la retraite de Napoléon Ier à l'île d'Elbe, les troupes se trouvant déliées de leur serment de fidélité, il s'attacha à son roi légitime et suivit Louis XVIII à Gand, dans son nouvel exil. Ainsi que beaucoup d'autres officiers rentrant avec leur roi, en France, il fut mis en non-activité le 1er septembre 1814, et le 9 mai 1816 fut replacé, avec son grade, dans la légion du Puy-de-Dôme. Il se retira du service militaire le 16 mars 1819. Cependant, pressé par la confiance et l'estime de ses concitoyens, il dut accepter, à regret, le 17 mai 1834, le grade de capitaine à la 5e compagnie de la garde nationale d'Alençon.

Théodore de Fromont de Bouaille mourut au château de Frébourg, commune de Contilly (Sarthe), le 14 septembre 1834.

— 1° —

PAUL-HENRI DE FROMONT DE BOUAILLE, né à Alençon le 13 février 1828, épousa à Blois (Loir-et-Cher), le 15 novembre 1853, noble demoiselle MARIE-ANTOINETTE-LOUISE DE GUISABLE DE LA COTTE DE BEAULORENT, fille de Jean-Baptiste de Guisable de La Cotte de Beaulorent et de demoiselle Marie-Antoinette-Louise de Maussion de Candé. Les armes des de Guisable de La Cotte, sont : *de sable à la bande d'or chargée de trois étoiles d'azur accostée d'un lion d'argent au chef de gueules chargé d'une molette d'éperon d'or et de deux étoiles d'argent.*

De ce mariage deux enfants : Gaëtan-Marie-Auguste, né au château de Frébourg, commune de Contilly (Sarthe), le 21 septembre 1854 ;

et Louis-Marie-Paul, né au château de Frébourg, commune de Contilly (Sarthe), le 17 avril 1856.

Madame Paul de Fromont mourut au château de Frébourg, le 6 septembre 1876.

— 2º —

Branche des comtes de Rouvroy de Saint-Simon alliée à la famille de Fromont par le mariage d'Iseulle de Fromont, 1845.

LOUISE-ISEULLE DE FROMONT DE BOUAILLE, fille de noble homme Théodore de Fromont de Bouaille et de noble demoiselle Hyacinthe-

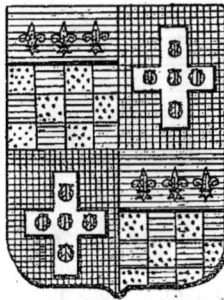

Iseulle-Henriette de Frébourg, née le 22 octobre 1822, à Alençon (Orne), épousa, dans cette même ville, le 15 juin 1845, noble homme ADOLPHE DE ROUVROY, comte DE SAINT-

SIMON, capitaine de frégate de la marine royale. Les armes des de Rouvroy de Saint-Simon, sont : *de franc : échiqueté d'or et d'azur au chef d'azur chargé de trois fleurs de lys d'or, écartelé de la croix : de sable à la croix d'argent chargée de cinq coquilles de gueules.*

De ce mariage trois enfants, tous nés à Lorient (Morbihan) : Henriette-Reine, le 30 octobre 1846 ; — Herbert, le 9 janvier 1850 ; — Adolphe, né le 5 juin 1854.

M. de Saint-Simon, mourut à Lorient (Morbihan), le 3 septembre 1855.

1. HERBERT DE ROUVROY DE SAINT-SIMON, né le 9 janvier 1850, à Lorient, mourut à l'école de Saumur, où il était officier, le 15 juillet 1873 par suite d'un acte de dévoûment, en voulant sauver un de ses amis qui était tombé dans la Loire.

2. ADOLPHE DE ROUVROY, comte DE SAINT-SIMON, épousa le 1er mai 1880, noble demoiselle MARIE-ANNE MONTJARET DE KERJÉGU, au château de Kerwoiseck, commune de Saint-Goazec (Finistère), fille de défunt Louis Monjaret de Kerjégu, député au corps législatif pour représenter la circonscription de Brest (Finistère), et de défunte demoiselle Juliette Le Monnier. Les armes des Monjaret de Kerjégu

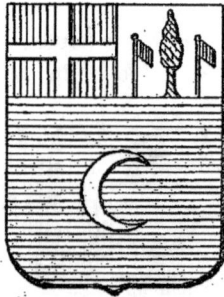

sont : *d'azur au croissant tourné d'argent, au chef divisé, au 1er de gueules à la croix d'argent, au 2e d'argent à l'arbre de sinople accompagné de 2 étendards de gueules ;* avec la devise : *Manu et animo.*

De ce mariage : Herbert-Marie-Joseph-Louis-Philomène, né à Lyon (Rhône), le 3 août 1881.

**Branche des de Gibon alliée aux de Fromont par le mariage d'Henriette
de Rouvroy de Saint-Simon avec Conrad de Gibon, 1865.**

3. HENRIETTE-REINE DE ROUVROY DE SAINT-SIMON, née à Lorient,
le 30 octobre 1846, fille de Adolphe de Rouvroy, comte de Saint-

Simon et de Louise-Iseulle de Fromont de Bouaille, épousa à Pontscorff (Morbihan), le 14 février 1865, noble homme CONRAD DE GIBON, fils de M. le comte Paul de Gibon et de noble demoiselle Claire

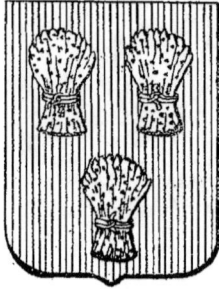

de La Blinais. Les armes des de Gibon sont : *de gueules à trois gerbes d'or, 2 et 1.*

De ce mariage trois enfants, tous nés à Redon : Claire, née le 26 mars 1866 ; Iseulle, née le 12 mai 1867 ; Amory, né le 14 décembre 1869.

4

— 3º —

Marie-Virginie de Fromont de Bouaille, née à Alençon, le 15 avril 1824, mariée à l'Isle-Saint-Denis (Seine), le   décembre 1850 à M. Jules de Beffort. De ce mariage cinq enfants:

— 4º —

Bonne-Henriette de Fromont de Bouaille, née à Alençon, le 13 juin 1829, morte sans postérité le 30 mai 1849.

— 5º —

Eugénie de Fromont de Bouaille, née à Alençon, le 1er octobre 1831, mariée le 31 mars 1851 à M. Victor de Beffort, d'où quatre enfants :

Marie-Virginie, née à Paris, le 22 décembre 1851, morte par suite des souffrances du siège à Paris, le 9 mars 1871 ; Henri-Victor, né à l'Isle-Saint-Denis (Seine), le 10 août 1853 ; Albert-Jules, né à l'Isle-Saint-Denis, le 14 octobre 1854 ; Louis-Herbert, né à Paris, le 24 octobre 1860.

§ V.

Première enfant, fille aînée de Henri-Pierre de Fromont de Bouaille et de Marie-Louise-Charlotte Chesneau de la Drourie. — Branche de la famille Le Prévost de Fourches alliée aux de Fromont par le mariage d'Henriette de Fromont de Bouaille avec M. Le Prévost de Fourches en 1806.

Marie-Henriette de Fromont de Bouaille, née à Alençon, le 10 janvier 1784, épousa le 7 mai 1806, à Alençon (Orne), noble homme

Henri-Léon-François-Jacques le Prévost de Fourches, fils de Henri-François-Jacques et de Cécile Mallard de la Varande. Les armes

des Le Prévost de Fourches sont : *d'azur au lion d'or armé et lampassé de gueules, rampant, à la hache de même.*

De ce mariage quatre enfants, tous nés à Alençon : Emila, née le 17 février 1807; Bethzi, né le 26 juillet 1808, morte fille à Alençon le 22 juin 1873; Léonce, né le 17 septembre 1810; Edouard, né le 10 janvier 1813.

— 1° —

Edouard Le Prévost de Fourches épousa à Bellavilliers (Orne), noble demoiselle Lucile Bourgeois de Boynes, fille de François Bourgeois de Boynes et demoiselle Adèle de Congé. Les armes des

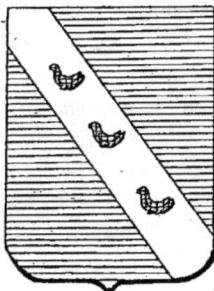

Bourgeois de Boynes sont : *d'azur à la bande d'argent chargée de 3 merlettes de sable.*

De ce mariage trois enfants, tous nés à Bellavilliers (Orne) : Marcella, née le 23 novembre 1843 ; — Marie, née le 15 juillet 1846 ; Albéric, né le 16 mars 1850.

1. ALBÉRIC LE PRÉVOST DE FOURCHES, né à Bellavilliers (Orne), le 16 mars 1850, mourut célibataire à Pontivy (Morbihan), le 21 janvier 1871, lors de l'invasion des troupes allemandes en France ; il y était comme militaire au 3e régiment de cuirassiers.

Branche des La Boulaye d'Emanville alliée à la famille de Fromont par le mariage de Marcella Le Prévost de Fourches avec Gaston d'Emanville.

2. MARCELLA LE PRÉVOST DE FOURCHES, fille d'Edouard de Fourches et de dame Lucile Bourgeois de Boynes, née à Bellavilliers (Orne), le 23 novembre 1843, épousa à Alençon (Orne), le 3 janvier 1870, noble homme GASTON DE LA BOULAYE D'EMANVILLE, fils de M. de la Boulaye d'Emanville et de demoiselle du Bois de Frévent. Les armes des de

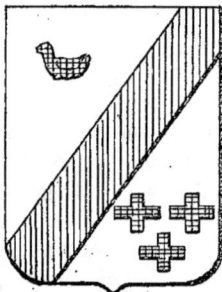

La Boulaye d'Emanville, sont : *d'argent à la barre de gueules accompagnée d'une merlette de sable senestrée et 3 croix de même, 2 et 1, à dextre.*

De ce mariage deux enfants : Yvonne, née à Alençon, le 18 janvier 1871 ; Germaine, aussi née à Alençon, le 16 juin 1874.

Branche des Chevrel de Frileuse alliée à la famille de Fremont par le mariage de Marie Le Prévost de Fourches avec Henri de Frileuse, 1872.

3. MARIE LE PRÉVOST DE FOURCHES, fille d'Edouard Le Prévost de Fourches et de dame Lucile Bourgeois de Boynes, née à Bellavilliers

(Orne), le 15 juillet 1846, épousa à Alençon, le 11 juin 1872, noble homme HENRI CHEVREL DE FRILEUSE, fils de Louis Chevrel de Frileuse, et de noble demoiselle Maria de Gilbert d'Haleine. Les armes des

Chevrel de Frileuse sont : *de gueules, au chef d'argent, au lion d'or brochant sur le tout.*

De ce mariage : Marie-Henri-Louis, né le 31 juillet 1880.

Branche des de Couëspel de Boisgency alliée à la famille de Fromont par le mariage de Emila Le Prévost de Fourches avec M. Césaire de Couëspel, 1827.

EMILA LE PRÉVOST DE FOURCHES, fille de Léon-Henri-François-Jacques Le Prévost de Fourches et de Marie-Henriette de Fromont de Bouaille, née à Alençon (Orne), le 17 février 1807, épousa à Héloup

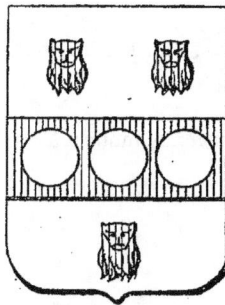

(Orne), le 15 octobre 1827, noble homme CÉSAIRE DE COUESPEL DE BOISGENCY, fils de M. de Couëspel de Boisgency et de demoiselle de

La Fournerie. Les armes des de Couëspel sont: *d'argent à la fasce de gueules chargée de 3 besants d'argent, 3 têtes de léopard arrachées de gueules, 2 en tête, 1 en pointe.*

De ce mariage trois enfants : Henriette, née à la Ferrière-Bochard (Orne), le 29 juillet 1828 ; Gonzalve, né à Alençon (Orne), le 7 avril 1831 ; Amélie, née à Alençon (Orne), le 9 mai 1833.

Emila mourut à Séez (Orne), le 30 novembre 1864.

1. Gonzalve de Couespel de Boisgency, fils de Césaire et de demoiselle Emila Le Prévost de Fourches, né à Alençon le 7 avril 1831, épousa à Bellavilliers (Orne), le 6 octobre 1857, noble demoiselle Marie-Isabelle Gallery de la Servière, fille de M. Gallery de La Servière, et de demoiselle Adeline Bourgeois de Boynes. Les

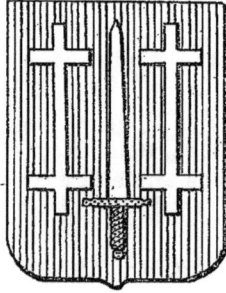

armes des Gallery de la Servière, sont : *de gueules à l'épée d'argent mise en pal, sa garde est d'or, accostée de 2 croix de Lorraine d'argent.*

De ce mariage trois enfants : Marie-Cénery-Joseph, né à le 24 août 1862 ; Césaire, né à
Guy, né à
Gonzalve de Couëspel de Boisgency mourut à Paris, le 14 janvier 1880.

2. HENRIETTE DE COUESPEL DE BOISGENCY, née à la Ferrière-Bochard (Orne), le 29 juillet 1828, morte célibataire à Strasbourg, le 19 avril 1852.

3. AMÉLIE DE COUESPEL DE BOISGENCY, née à Alençon le 9 mai 1833.

— 3° —

Léonce Le Prévost de Fourches, fille de Léon-Henri-François-Jacques Le Prévost de Fourches et de Marie-Henriette de Fromont de Bouaille, née le 17 septembre 1810,

§ VI.

Troisième enfant, deuxième fille de Henri-Pierre de Fromont de Bouaille et de Marie-Louise-Charlotte Chesneau de la Drourie. — Branche des du Bois-Tesselin du Bel, alliée à la famille de Fromont par le mariage de Renée-Joséphine de Fromont de Bouaille avec M. du Bois-Tesselin du Bel, en 1812.

Renée-Joséphine de Fromont de Bouaille, fille de Henri-Pierre de Fromont de Bouaille et de noble demoiselle Marie-Louise-Charlotte

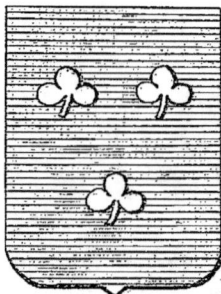

Chesneau de la Drourie, née à Alençon (Orne), le 11 août 1786, épousa à Alençon, le   1812, noble homme Du Bois-

TESSELIN DU BEL, fils de M. Du Bois-Tesselin du Bel et de noble demoiselle de Comargon (de noble famille d'Angleterre). Les armes des Du Bois-Tesselin du Bel sont : *D'azur à 3 trèfles d'argent, 2 et 1.*

De ce mariage trois enfants, tous nés à Joué-du-Bois (Orne) : Théonie, née le 13 juillet 1813 ; Gustave, né le 15 octobre 1815 ; Mathilde, née le 16 novembre 1816.

Renée-Joséphine de Fromont de Bouaille, dame du Bois-Tesselin du Bel, est morte à Alençon (Orne), le 21 novembre 1869.

— 1° —

GUSTAVE DU BOIS-TESSELIN DU BEL, né le 15 octobre 1815, à Joué-du-Bois (Orne), épousa à Caen (Calvados), le 20 janvier 1840, demoiselle OCTAVIE LE MYR DE VILERS, fille de M. Le Myr de Vilers et de demoiselle Goudeau. Les armes des de Vilers sont : *de gueules au chevron d'or accompagné en chef de deux étoiles d'argent et en pointe d'un croissant et d'une marguerite feuillée et tigée de même.*

De ce mariage trois enfants : Marie, née à Caen (Calvados), le décembre 1840 ; Charlotte, née à Alençon, le   1844 ; Raoul, né à Saint-Jean-d'Assé (Sarthe), le 16 mars 1847.

Gustave du Bois-Tesselin du Bel mourut à Blidah (Algérie), le octobre 1856.

1. RAOUL DU BOIS-TESSELIN DU BEL, fils de Gustave et de demoiselle Octavie de Vilers, né à Saint-Jean-d'Assé (Sarthe), le 16 mars 1847, épousa à Caen (Calvados), le   juin 1877, demoiselle CHARLOTTE DE

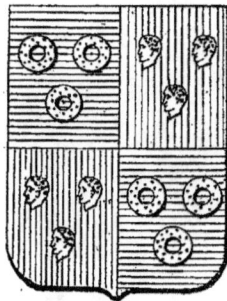

LA MOTTE-ANGO DE PELLEVÉ DE FLERS, fille de M. de Pellevé, comte de Flers et de demoiselle Natalie d'Outremont de Duras, d'origine belge

demi-sœur du prince de Ligne. Les armes des de Flers sont : *au 1er d'azur à 3 anneaux d'or 2 et 1, écartelé au 2e et 3e de gueules à 3 têtes humaines posées de profil d'argent au poil levé d'or.*

De ce mariage : Jacques   né à Caen (Calvados), le juin 1878.

2. MARIE DU BOIS-TESSELIN DU BEL, née le   décembre 1840, à Caen,

3. CHARLOTTE DU BOIS-TESSELIN DU BEL, née le   1844, à Alençon, s'est faite religieuse Bénédictine à Caen,

— 2° —

THÉONIE DU BOIS-TESSELIN DU BEL, née le 13 juillet 1813, à Joué-du-Bois (Orne), morte fille à Alençon, le 8 mai 1873.

— 3° —

Branche des Le Myr de Vilers, alliée à la famille de Fromont par le mariage de Mathilde du Bel avec Alfred de Vilers, 1841.

MATHILDE DU BOIS-TESSELIN DU BEL, fille de M. du Bois-Tesselin du Bel et de demoiselle Joséphine de Fromont de Bouaille, née à

Joué-du-Bois (Orne), le 16 novembre 1816, épousa à Alençon (Orne), le 16 février 1841, M. ALFRED LE MYR DE VILERS, fils de M. Le Myr de Vilers et de demoiselle Goudeau (frère de mademoiselle Octavie de

Vilers, qui épousa Gustave du Bel). Les armes des Le Myr de Vilers sont : *de gueules au chevron d'or accompagné en chef de 2 étoiles d'argent et en pointe, d'un croissant et d'une marguerite feuillée et tigée de même.*

De ce mariage plusieurs enfants dont deux morts en bas-âge et deux morts après leur quinzième année, plus Anna, née à Joué-du-Bois (Orne), le 16 mars 1847.

§ VII.

Quatrième enfant, troisième fille de Henri-Pierre de Fromont de Bouaille et de Marie-Louise-Charlotte Chesneau de la Drourie.

EUGÉNIE .... DE FROMONT DE BOUAILLE, fille de Henri-Pierre de Fromont de Bouaille et de Marie-Louise-Charlotte Chesneau de la Drourie, naquit à Alençon vers 1787 et mourut enfant vers 1794.

MAMERS. — TYP. DE G. FLEURY ET A. DANGIN. — 1881.

www.ingramcontent.com/pod-product-compliance
Lightning Source LLC
LaVergne TN
LVHW022148080426
835511LV00008B/1325